Allerlei Rezept-Ideen

Sandwichs und Toaste

phantasievoll belegt

MOEWIG

Fotos im Innenteil:
Supress (S. 7, 15, 43)
Frau Antjes Feinschmecker-Studio (S. 9, 27, 37, 81, 85, 87, 91)
CMA/Pentacom (S. 11, 45, 57)
Champignons/IPR & O (S. 13) – Lieken Urkorn (S. 17)
Union Deutsche Lebensmittelwerke (S. 19, 55, 79)
CBT-Hollandgemüse (S. 21, 25) – Knorr/Maizena (S. 23, 49, 77)
Lysell Fisch-Spezialitäten (S. 29) – Neuseelandkiwi (S. 31, 35)
Kalifornische Rosinen (S. 33, 39)
Carmel (S. 41, 61, 63, 69, 83)
»Du darfst«- Beratungsdienst (S. 47)
Info Bananen (S. 51, 89) – Bresso Frischkäse (S. 53)
Lätta (S. 59) – Thomy (S. 65, 67)
Wasa (S. 71, 93) – Aupi (S. 73)
Kalifornische Trockenpflaumen (S. 75)

Originalausgabe

Herausgeber: food-prints-team, Hamburg
Redaktion: Juliane von Saldern
Umschlagentwurf und -gestaltung: Werbeagentur Zeuner, Ettlingen
Umschlagfoto: Neuseelandkiwi
Auslieferung in Österreich:
Pressegroßvertrieb Salzburg Gesellschaft m.b.H.,
Niederalm 300, A-5081 Anif
Printed in Germany 1991
Druck und Bindung: Druckhaus Kaufmann, Lahr/Schwarzwald
ISBN 3-8118-8450-6

Die Kleinkunst der großen Küche

Vorbei sind die Zeiten freudloser Schnittchen, Butterbrote oder Stullen. Mit dem Trend zum gesunden und kulinarischen Schnellimbiß haben sich auch die belegten Brote verwandelt. Die große Auswahl an Brotsorten bietet die ideale Unterlage für einen phantasievollen und zugleich schmackhaften Belag. Dank der Ernährungsfachleute wissen wir heute, wie wichtig es ist, häufig in den Brotkorb zu greifen, damit die Bilanz an Kohlenhydraten, Ballaststoffen und B-Vitaminen stimmt.

Von phantasievoll dekorierten Canapés bis hin zu herzhaft-saftigen Vollkornbroten und knusprig überbackenen Toasts reicht die Auswahl der Rezepte in diesem Buch. Sie suchen nach feinen Kleinigkeiten, die sich als Auftakt für ein Menü oder als Appetithappen beim Sekt-Empfang eignen? Oder nach kleinen deftigen Bissen zum Bier? Kein Problem. Sie finden Anregungen für jeden Anlaß und für jeden Geschmack. Natürlich ausführlich erklärt und mit schönen Fotos, die Ihnen sicher Appetit machen. Ausprobieren lohnt sich!

Übrigens: Alle Rezepte sind, wenn nicht anders vermerkt, für 4 Personen berechnet.

Bunte Eiersandwichs

Zutaten:
- 8 Eier
- 8 Scheiben Vollkornbrot
- 4 EL Remouladensoße
- 8 große Salatblätter
- 4 Tomaten
- ½ Salatgurke
- Salz
- Pfeffer aus der Mühle
- 3 EL Ketchup
- 1 EL mittelscharfer Senf
- 1 EL Mayonnaise
- ½ TL Weinbrand
- 1 Kästchen Kresse

Eier in 8 Minuten hart kochen. Die Schale rundherum anstoßen und die Eier für kurze Zeit in kaltes Wasser legen. So lassen sie sich leicht schälen. Die Brotscheiben mit Remoulade bestreichen und mit gewaschenen Salatblättern belegen. Die Tomaten kreuzweise einritzen, kurz in kochendes Wasser tauchen, die Schale abziehen. Früchte in dünne Scheiben schneiden. Die Salatgurke gründlich waschen und eventuell schälen. Eier in Scheiben schneiden und abwechselnd mit Tomaten und Gurken auf den Brotscheiben anrichten. Dabei salzen und pfeffern. Ketchup mit Senf und Mayonnaise verrühren. Mit Salz, Pfeffer und Weinbrand abschmecken. Die Soße auf die Sandwichs geben. Mit Kresse garnieren.

Zubereitungszeit ca. 15 Minuten

Unser Tip

Anstelle von Salatblättern können Sie die Brote auch mit feingeschnittenem Chinakohl oder mit Blättern vom Eisbergsalat belegen.

Rührei-Brote mit Räucheraal

Zutaten:
4 Scheiben Vollkornbrot
50 g Butter
4 große Salatblätter
8 Eier
8 EL Kondensmilch
Salz
Pfeffer aus der Mühle
1 Bund Schnittlauch
150 g Maasdamer Käse
300 g Räucheraalfilet

Brotscheiben mit 30 g Butter bestreichen und mit gewaschenen Salatblättern belegen. Eier mit Kondensmilch, Salz und Pfeffer verquirlen. Gewaschenen Schnittlauch in feine Röllchen schneiden, unter die Eier mischen und dabei 1 EL davon zum Bestreuen zurückbehalten. Den Käse fein reiben und ebenfalls unter die Eimasse mischen. Restliche Butter in einer Pfanne erhitzen. Eier hineingießen und stokken lassen. Dabei mit dem Pfannenwender die Eier ununterbrochen vom Pfannenboden lösen, damit sie gleichmäßig garen und nicht zu trocken werden. Die fertigen Rühreier auf den Broten verteilen und mit Räucheraal belegen. Restlichen Schnittlauch darüberstreuen. Sofort servieren.

Zubereitungszeit ca. 15 Minuten

Unser Tip

Den Räucheraal frühzeitig aus dem Kühlschrank nehmen. Er ist recht fettreich und eiskalt daher schwer verdaulich. In diesem Rezept wird er durch das heiße Rührei zusätzlich leicht angewärmt und schmeckt so besonders aromatisch.

Heißer Tofu-Toast mit Kräutersoße

Zutaten:
- 1 Becher Sahnejoghurt (175 g; 10 %)
- ½ unbehandelte Zitrone
- ½ Knoblauchzehe
- 1 TL Sojasoße
- 1 ½ TL Honig
- Tabasco
- Salz
- Pfeffer aus der Mühle
- 1 EL gehackter Kerbel
- 1 Kästchen Kresse
- 250 g Tofu (Sojabohnenquark)
- 1 Prise Rosenpaprika oder Cayennepfeffer
- 1 EL Öl
- 1 Glas Karotten (210 ml)
- 40 g Butter
- 4 Scheiben Vollkorn-toast

Joghurt mit einigen Tropfen Zitronensaft, etwas abgeriebener Zitronenschale, zerdrückter Knoblauchzehe, Sojasoße und 1 TL Honig verrühren, bis der Honig sich gelöst hat. Mit Tabasco, Salz und Pfeffer sehr kräftig abschmecken. Gehackten Kerbel und Kresse untermischen. Etwas Kresse zum Garnieren zurückbehalten. Die Soße beiseite stellen. Tofu in dünne Scheiben schneiden, mit Salz, Pfeffer und Paprika oder Cayennepfeffer würzen. In heißem Öl anbraten. Die abgetropften Karotten in der Hälfte der Butter mit dem restlichen Honig erhitzen. Salzen. Brotscheiben goldgelb toasten und heiß mit der restlichen Butter bestreichen. Mit Tofuscheiben und Karotten belegen. Übrige Kresse darüberstreuen. Mit der Soße anrichten und sofort servieren.

Zubereitungszeit ca. 20 Minuten

Champignon-Gourmet-Toast

Zutaten:
500 g Rinderfilet (Mittelstück)
Pfeffer aus der Mühle
2 EL Öl
Salz
500 g weiße Champignons
60 g Butter
150 g Schlagsahne
2 EL Wildpreiselbeeren aus dem Glas
4 Scheiben Toastbrot
Feldsalat zum Anrichten

Rinderfilet pfeffern. In heißem Öl bei großer Hitze von allen Seiten anbraten. Bei mittlerer Hitze unter häufigem Wenden 20 Minuten weiterbraten, salzen. In Alufolie gewickelt warm halten. Champignons trocken abreiben oder waschen und gründlich abtrocknen. Die Pilze halbieren und in 30 g heißer Butter von allen Seiten braun anbraten. Salzen und pfeffern. Sahne steifschlagen und die Preiselbeeren unterheben. Kühl stellen. Toastbrot rösten und mit der restlichen Butter bestreichen. Das Rinderfilet in 8 dünne Scheiben schneiden. Jeweils 2 Scheiben auf eine Toastscheibe legen. Die Pilze darübergeben. Die Toasts mit Preiselbeersahne und gewaschenem Feldsalat auf Tellern anrichten und sofort servieren.

Zubereitungszeit ca. 40 Minuten

Eierschnitten mit Krabben

Zutaten:

4 Scheiben herzhaftes Bauernbrot
70 g Butter oder Margarine
6 Eier
4 EL Schlagsahne
1 Bund Schnittlauch
Salz
Pfeffer aus der Mühle
Muskat
Cayennepfeffer
200 g Krabbenfleisch
1 Zitrone
Worcestersoße
Dill und etwas Friséesalat zum Garnieren

Die Brotscheiben mit 40 g Butter oder Margarine bestreichen. Die Eier mit Sahne und 2 EL Wasser verquirlen. Feingeschnittenen Schnittlauch untermischen. Mit Salz, Pfeffer, Muskat und 1 Prise Cayennepfeffer würzen. 20 g Butter oder Margarine in einer Pfanne erhitzen. Eier hineingießen und stokken lassen. Dabei mit dem Pfannenwender die Eier ununterbrochen vom Pfannenboden lösen, damit sie gleichmäßig garen und nicht zu trocken werden. Die fertigen Rühreier auf die Brote verteilen. Krabbenfleisch im restlichen Fett kurz erhitzen. Mit Zitronensaft, Worcestersoße, Salz und Pfeffer würzen und auf dem Rührei verteilen. Mit Dillzweigen und Salatblättern anrichten und sofort servieren.

Zubereitungszeit ca. 20 Minuten

Unser Tip

Krabben beim Erwärmen in der Pfanne nicht zu heiß werden lassen, sonst werden sie leicht zäh und verlieren an Aroma.

Salz
effer

Ragout von Meeresfrüchten in Vollkornbrötchen

Zutaten:
12 Stangen grüner Spargel
200 g Brokkoli
Salz
4 Stangen Staudensellerie
30 g Butter
Pfeffer aus der Mühle
4 Jakobsmuscheln
4 Austern
1 kleine Sepie
4 Hummerscheren, ersatzweise Hummerkrabbenschwänze
12 Miesmuscheln
4 Vollkornbrötchen zum Fertigbacken

Für die Soße:
1/4 l Fischfond (aus dem Glas)
1/8 l Schlagsahne
4 cl trockener Wermut
10 cl Champagner oder trockener Sekt
Zitronensaft
2 EL Crème fraîche
2 EL geschlagene Sahne

Das untere Ende der Spargelstangen schälen. Brokkoli und Spargel 3 Minuten in Salzwasser garen. Staudensellerie in feine Scheiben schneiden. Abgetropften Spargel, Brokkoli und die Selleriescheiben in heißer Butter andünsten. Salzen, pfeffern und warm stellen. Jakobsmuscheln und Austern aus der Schale lösen. Sepie in Streifen schneiden. Alle Meeresfrüchte kurz in kochendes Salzwasser tauchen und abtropfen lassen. Von den Brötchen einen Deckel abschneiden. Die Krume innen bis auf einen Rand von etwa 1 cm auslösen. Die ausgehöhlten Brötchen im heißen Backofen kurz rösten. Für die Soße alle Zutaten bis auf die geschlagene Sahne im offenen Topf um etwa ein Drittel einkochen lassen. Mit dem Pürierstab oder im Mixer aufschäumen. Die geschlagene Sahne unterziehen. Die Brötchen mit Gemüse und Meeresfrüchten füllen. Die Soße hineingießen. Die gefüllten Brötchen mit dem restlichen Ragout auf vorgewärmten Tellern anrichten.

Zubereitungszeit ca. 40 Minuten

Herzhafte Schichtbrote

Zutaten für 2 Personen:

Je 1 Scheibe Schwarzbrot, Leinsamenbrot und Pumpernickel
Margarine zum Bestreichen
1 dicke Scheibe Corned beef (60 g)
1 Salatblatt
½ Zwiebel
1 Scheibe gekochter Schinken
½ TL geriebener Meerrettich
1 Scheibe Emmentaler
Etwas Senf

Schwarz- und Leinsamenbrot mit Margarine bestreichen und halbieren. Den Pumpernickel von beiden Seiten bestreichen. Die eine Schwarzbrothälfte mit Salat und Corned beef belegen. Zwiebel in Ringe schneiden und auf das Corned beef geben. Mit der zweiten Brothälfte abdecken. Die eine Leinsamenbrothälfte mit Schinken belegen und mit Meerrettich bestreichen. Pumpernickel und Käse darauflegen. Mit Senf bestreichen und mit der zweiten Brothälfte abdecken. Die Brote aufgestapelt servieren.

Zubereitungszeit ca. 10 Minuten

UNSER TIP

Diese deftig belegten Brote eignen sich verpackt sehr gut zum Mitnehmen und bleiben lange saftig frisch. Wer lieber rohen statt gekochten Schinken nehmen möchte, sollte die Scheiben vorher in Streifen schneiden. So kann man leichter abbeißen, ohne die ganze Scheibe vom Brot zu ziehen.

Chicorée-Apfel-Brote

Zutaten:
- 2 Scheiben helles Mischbrot
- 20 g Butter
- 2 TL gehobelte Haselnußkerne
- 2 Stauden Chicorée
- 2 Äpfel (Elstar)
- ½ Zitrone
- ½ Becher Sahnejoghurt (10 %)
- Salz
- Pfeffer aus der Mühle
- ½ Bund Dill

Die Brotscheiben mit Butter bestreichen, mit gehobelten Haselnüssen bestreuen und halbieren. Chicorée putzen, waschen und in feine Ringe schneiden. Äpfel waschen, vierteln und entkernen. Die Apfelstücke in schmale Spalten schneiden. Chicorée und Äpfel mit etwas Zitronensaft mischen, damit sie sich nicht verfärben. Auf die Brothälften verteilen. Joghurt mit Zitronensaft, etwas Salz und reichlich Pfeffer würzen. Auf die Brote verteilen und mit abgezupften Dillfähnchen anrichten. Sofort servieren.

Zubereitungszeit ca. 15 Minuten

UNSER TIP

Diese fruchtigen Brote schmecken auch zum Frühstück. – Oder an heißen Tagen als kleiner Mittagsimbiß.

Champignontoast mit Basilikum

Zutaten:
- 200 g Champignons
- 2 EL Keimöl
- 2 EL trockener Weißwein
- 2-3 EL Schlagsahne
- Etwa 6-8 Basilikumblätter
- Knorr Aromat mit Kräutern
- Pfeffer aus der Mühle
- 4 Scheiben Toastbrot

Die Pilze putzen und blättrig schneiden. In heißem Keimöl unter häufigem Wenden anbraten. Weißwein und Sahne zugießen und aufkochen. Die Basilikumblätter in Streifen schneiden oder kleinhacken und untermischen. Mit Aromat und Pfeffer abschmecken. Die Brotscheiben toasten und die heißen Champignons darauf anrichten. Sofort auf vorgewärmten Tellern servieren.

Zubereitungszeit ca. 20 Minuten

Unser Tip

Wenn Sie diesen Pilztoast als kleines Mittagessen servieren wollen, können Sie das getoastete Brot zusätzlich buttern und mit geräucherter Putenbrust belegen. Wer es lieber vegetarisch möchte, bestreicht die Toastscheiben dick mit Doppelrahm-Frischkäse.

Radieschenbrote

Zutaten:
- 3 Bund Radieschen
- 1 Bund Schnittlauch
- 4 Scheiben dunkles Vollkornbrot
- 2 EL Crème fraîche
- 150 g Leberwurst
- Salz
- Grober Pfeffer aus der Mühle

Radieschen putzen, waschen und in feine Scheiben schneiden. Schnittlauch waschen, trocknen und in Röllchen schneiden. Die Brotscheiben erst dünn mit Crème fraîche, dann mit Leberwurst bestreichen. Radieschenscheiben auf die Brote häufen. Mit Salz und grobem Pfeffer bestreuen und die Schnittlauchröllchen darübergeben.

Zubereitungszeit ca. 15 Minuten

UNSER TIP

Vollkornbrote haben einen höheren Gehalt an Vitaminen und Ballaststoffen als Brote aus helleren Mehlen. Doch nicht jedes dunkle, körnig aussehende Brot ist aus dem vollen Korn gebacken. Wenn Sie Vollkornbrot einkaufen, sollten Sie ausdrücklich danach fragen. Phantasienamen sagen nämlich nichts über den gesundheitlichen Wert des Brotes.

Bratwursttoast

Zutaten für 2 Personen:
- 2 große Bauernbrötchen (ca. 10 cm Durchmesser) oder 2 Scheiben Bauernbrot
- 30 g Butter
- 100 g ungebrühte grobe Bratwurst
- 1 Zwiebel
- Je 1 rote und grüne Paprikaschote
- Salz
- Pfeffer aus der Mühle
- 1 TL gehackte Majoran- oder Thymianblättchen, ersatzweise 1 Prise getrocknete Kräuter
- 75 g geriebener mittelalter Gouda

Die Brötchen aufschneiden und dünn buttern. Bratwurst aus dem Darm lösen und auf die Brötchen streichen. Unter dem vorgeheizten Grill 5 Minuten übergrillen, bis die Bratwurst gar und leicht gebräunt ist. Zwiebel schälen und in Spalten schneiden. Paprika putzen, waschen und in Streifen schneiden. Restliche Butter in einer Pfanne erhitzen. Zwiebeln und Paprika darin unter gelegentlichem Wenden 5 Minuten bei mittlerer Hitze dünsten. Salzen, pfeffern und mit Majoran oder Thymian würzen. Das Gemüse auf den vorgegarten Brötchen verteilen, mit Käse bestreuen und noch einmal kurz überbacken, bis der Käse geschmolzen ist.

Zubereitungszeit ca. 20 Minuten

Echter Käse aus Holland
Pikantje van Gouda
Garantiert 4 Monate gereift

Schwedenschmaus

Zutaten für 2 Personen:
- 1 Zwiebel
- 2 Gewürzgurken
- 1 roter Apfel
- 2 Scheiben Kasselerbrot
- 2 TL Crème fraîche
- 1 hartgekochtes Ei
- ½ TL eingelegter grüner Pfeffer
- 1 Dose Lysell Meeresspezialität schwedisch
- 1 EL Öl

Die geschälte Zwiebel, die Gurken und den geviertelten, entkernten Apfel in dünne Scheiben schneiden. Die Brotscheiben leicht toasten und mit Crème fraîche bestreichen. Das Ei halbieren. Eigelb herauslösen und fein hacken. Eiweiß in Streifen schneiden und mit dem grünen Pfeffer auf die Brote verteilen. Mit Zwiebel-, Gurken- und Apfelscheiben belegen. Die Heringsstückchen darauf anrichten. Zum Schluß mit gehacktem Eigelb garnieren.

Zubereitungszeit ca. 10 Minuten

Unser Tip

Die roten Zwiebeln schmecken roh etwas milder und würziger als die normalen braunen Haushaltszwiebeln. Sie sind dekorativ und passen deshalb besonders gut zu Sandwichs und Salaten.

Kiwi-Roquefort-Canapés

Zutaten für etwa 20 Canapés:

- 150 g Roquefort oder anderer Blauschimmel-Käse
- 100 g Crème fraîche
- 1 TL Kirschwasser oder Pflaumengeist
- 4 Kiwis
- 20 runde Salz-Kräcker (ca. 50 g)
- 1-2 EL Maiskörner aus der Dose
- ½ TL gehackter Kerbel
- 2 Scheiben gekochter Schinken oder Kaiserfleisch
- Einige kandierte oder in Rum eingelegte Kirschen
- Einige schöne Erdbeeren
- 2 TL eingelegter grüner Pfeffer

Den Roquefort mit einer Gabel zerdrücken. Mit Crème fraîche und Kirschwasser oder Pflaumengeist verkneten. Die Kiwis schälen und in Scheiben schneiden. Jeden Kräcker mit einem halben Teelöffel Käsecreme bestreichen. Mit ganzen oder halbierten Kiwischeiben belegen. Einige Kräcker mit Maiskörnern und gehacktem Kerbel verzieren. Andere mit in Streifen geschnittenem Schinken sternförmig belegen und mit einer Viertelscheibe Kiwi garnieren. Für die dritte Sorte jeweils eine halbe Kiwischeibe senkrecht in die Käsecreme drücken und mit einer halbierten Kirsche garnieren. Für die vierte Sorte die Kräcker mit halbierten Erdbeeren und einigen grünen Pfefferkörnern anrichten.

Zubereitungszeit ca. 25 Minuten

Brote mit Eier-Schinken-Aufstrich

Zutaten:
- 3 hartgekochte Eier
- 100 g weiche Butter
- 3 EL Crème fraîche
- 75 g gekochter Schinken ohne Fettrand
- 75 g kalifornische Rosinen
- 2-3 EL Curry
- Salz
- 4 große Scheiben Bauernbrot

Die Eier schälen und halbieren. Das Eigelb herauslösen und mit einer Gabel zerdrücken. Die Butter mit einem Schneebesen so lange schlagen, bis sie hell und cremig geworden ist. Crème fraîche und Eigelb unterschlagen. Curry unterschlagen und mit Salz abschmecken. Schinken und Eiweiß fein würfeln und zusammen mit den Rosinen unter die Buttercreme mischen. Das Bauernbrot leicht toasten und den Eier-Schinken-Aufstrich darauf verteilen.

Zubereitungszeit ca. 20 Minuten

Unser Tip

Sie können den Eier-Schinken-Aufstrich zugedeckt im Kühlschrank bis zu einer Woche aufheben. Er paßt besonders gut zu kernigen dunklen Brotsorten oder zu Roggenknäcke. Wenn Sie lieber einen vegetarischen Aufstrich möchten, ersetzen Sie den Schinken durch gehackte Nußkerne und ein zusätzliches Ei.

Lachstoast mit Kiwi

Zutaten:
- 2 Kiwis
- 40 g weiche Butter
- 2 TL geriebener Meerrettich aus dem Glas
- 4 Scheiben Roggen-Toastbrot
- 4 Scheiben Räucherlachs à etwa 30 g
- Zitronenmelisse oder Dillfähnchen zum Garnieren

Die Kiwis schälen und eine halbe davon mit dem Pürierstab fein zerkleinern oder mit einer Gabel zerdrücken. Das Fruchtpüree mit der Butter und dem geriebenen Meerrettich vermischen. Die Brotscheiben toasten und mit der Kiwi-Butter-Mischung bestreichen. Die Lachsscheiben darauf anrichten. Die restlichen Kiwis in Scheiben schneiden. Die Scheiben vierteln und auf dem Lachs verteilen. Mit Zitronenmelisse oder Dillfähnchen garnieren.

Zubereitungszeit ca. 15 Minuten

Unser Tip

Räucherlachs entwikkelt sein feines Aroma nur bei Zimmertemperatur. Deshalb sollten Sie den feinen Fisch rechtzeitig vor dem Servieren aus dem Kühlschrank nehmen.

Green
ew Zealand
4030

Gefüllte Champignons auf Toast

Zutaten für 2 Personen:
- 2 Scheiben Toastbrot
- 20 g Butter
- 16-18 Champignons
- 100 g Maasdamer Käse
- 1 TL gehackte Petersilie
- Salz
- Pfeffer aus der Mühle

Brotscheiben toasten und mit Butter bestreichen. Champignons putzen, waschen und die Stiele herausbrechen. Die Stiele fein hacken. Käse fein würfeln. Pilzstiele mit Käse, Petersilie, Salz und Pfeffer mischen. Die Pilzköpfe damit füllen und auf die Brotscheiben setzen. Im vorgeheizten Backofen bei 200 Grad (Gasherd: Stufe 3/Umluft: 190 Grad) etwa 15 Minuten backen. Die Toasts auf gewaschene Salatblätter setzen und sofort servieren.

Zubereitungszeit ca. 25 Minuten

UNSER TIP

Feingehackte frische Rosmarinnadeln oder Thymianblätter passen anstelle von Petersilie ebenfalls in die Füllung der Pilzköpfe.

Hähnchen-Baguettes

Zutaten für 2 Personen:

Für das Dressing:

½ mittelgroße Banane

1 EL saure Sahne

1 Prise gemahlener Ingwer

1 TL Honig

50 g kalifornische Rosinen

20 g gehackte Mandeln

Salz

Pfeffer aus der Mühle;

Für die Sandwichs:

½ gebratenes Hähnchen

1 reife Mango oder Mangoschnitze aus der Dose

2 Minibaguettes

4 Blätter vom Eisberg- oder Römischen Salat

Für das Dressing die Banane fein würfeln. Mit saurer Sahne, Ingwer, Honig, Rosinen und gehackten Mandeln mischen. Mit Salz und Pfeffer abschmekken. Das Hähnchen von den Knochen befreien und in Scheiben schneiden. Die Mango schälen, vom Kern lösen und das Fruchtfleisch in Spalten schneiden. Die Minibaguettes halbieren und auf jede Hälfte ein Salatblatt geben. Die beiden unteren Hälften erst mit Mangoscheiben, dann mit Hähnchenfleisch belegen. Das Dressing darauf verteilen und die Baguettes zusammenklappen. Sofort servieren.

Zubereitungszeit ca. 15 Minuten

Unser Tip

Sie können anstelle eines halben gebratenen Hähnchens auch geräucherte, in Scheiben geschnittene Putenbrust als Belag verwenden.

Jaruzelski
Upbraids

Brötchen mit scharfem Avocadoaufstrich

Zutaten:

- 2 weiche Avocados à ca. 300 g
- 2 EL Zitronensaft
- 2 hartgekochte Eier
- 50 g Doppelrahm-Frischkäse
- 2 EL mittelscharfer Senf
- 2 EL Ketchup
- Salz
- Cayennepfeffer oder Tabasco
- Etwas Petersilie
- 2 kleine Tomaten
- 4 Brötchen

Die Avocados halbieren und den Kern entfernen. Mit einem Eßlöffel das Fruchtfleisch aus der Schale lösen und mit Zitronensaft vermischen. Eier halbieren und das Eigelb herauslösen. Frischkäse und Eigelb zum Avocadofleisch geben. Mit einer Gabel fein zerdrücken und mischen. Feingehacktes Eiweiß, Senf und Ketchup unterrühren. Mit Salz und Cayennepfeffer oder Tabasco abschmecken. Brötchen halbieren, mit der Avocadomischung bestreichen und mit Petersilie und Tomatenspalten anrichten.

Zubereitungszeit ca. 15 Minuten

UNSER TIP

Dieser vegetarische Aufstrich schmeckt auch mit Kräckern oder Bauernbrot ausgezeichnet.

Überbackene Schlemmerhappen

Zutaten:
- 6 Eier
- 75 g durchwachsener Räucherspeck
- 2 Zwiebeln
- 1 Stange Porree
- 1 Knoblauchzehe
- Salz
- Pfeffer aus der Mühle
- 1 Prise gemahlener Kümmel
- 2 EL Schnittlauchröllchen
- 2 EL gehackte Petersilie
- 125 g geriebener Emmentaler Käse
- 4 Scheiben Weißbrot
- 20 g Butter

Die Eier in 8 Minuten hart kochen, die Schale anstoßen und die Eier für kurze Zeit in kaltes Wasser legen. Inzwischen den Speck in feine Würfel schneiden und bei mittlerer Hitze ausbraten. Die geschälten Zwiebeln und den geputzten Porree in Scheiben schneiden. Mit der zerdrückten Knoblauchzehe zum Speck geben und glasig dünsten. Mit Salz, Pfeffer und Kümmel würzen. Von der Kochstelle nehmen und abkühlen lassen. Schnittlauch, Petersilie und den geriebenen Käse untermischen. Das Weißbrot mit Butter bestreichen. Die Eier schälen und in Scheiben schneiden. Die Brote mit Eischeiben belegen. Die Zwiebel-Porree-Mischung darauf verteilen. Im vorgeheizten Backofen bei 225 Grad (Gasherd: Stufe 5/ Umluft: 200 Grad) 5-8 Minuten überbacken. Sofort servieren.

Zubereitungszeit ca. 30 Minuten

Pikanter Rührei-Toast mit Speck

Zutaten für 2 Personen:
4 Scheiben Frühstücksspeck
2 Scheiben Toastbrot
2 Eier
2 EL Milch
Salz
25 g Butter
2 EL Aprikosen-konfitüre
Tabasco
1 Tomate
Etwas Petersilie

Den Speck unter dem vorgeheizten Grill von beiden Seiten knusprig werden lassen. Die Brotscheiben leicht toasten. Eier mit Milch und etwas Salz verquirlen. Die Butter in einer Pfanne schmelzen. Eier hineingießen und stocken lassen. Dabei mit dem Pfannenwender die Eier ununterbrochen vom Pfannenboden lösen, damit sie gleichmäßig garen und nicht zu trokken werden. Aprikosenkonfitüre glattrühren und mit einigen Spritzern Tabasco scharf abschmecken. Auf die Toastscheiben streichen. Rühreier und Speck darauf anrichten. Mit Tomatenachteln und Petersilie garnieren.

Zubereitungszeit ca. 15 Minuten

Unser Tip

Auch getoastetes Weizenmischbrot paßt gut zu diesem pikanten Belag aus süß-scharfer Konfitüre und deftigem Speck.

Herzhafte Doppeldecker mit Wurst

Zutaten:

- 2 Scheiben Vollkornbrot
- 2 Scheiben Bauernbrot
- 2 Sesambrötchen
- 60 g Halbfettmargarine
- 50 g Teewurst
- 4 Salatblätter
- 1 kleine Möhre
- 4 Scheiben Salami
- 2 Tomaten

Die Brotscheiben und die aufgeschnittenen Brötchen mit Margarine bestreichen. Eine Scheibe Schwarzbrot mit Teewurst bestreichen. Mit 2 Salatblättern belegen und dick mit geraspelter Möhre bestreuen. Die zweite Schwarzbrotscheibe daraufklappen und das Brot diagonal durchschneiden. Das Bauernbrot mit Salami belegen und mit in Scheiben geschnittenen Tomaten bedecken. Die restlichen Salatblätter in Streifen schneiden und auf die Tomaten geben. Die Brotscheiben halbieren und jede Hälfte mit einer Brötchenhälfte bedecken.

Zubereitungszeit ca. 10 Minuten

UNSER TIP

Diese Doppeldecker sind wunderbar als Schulbrote geeignet. Durch Salat, Tomaten und Möhren bleiben sie saftig und liefern gleichzeitig ein ausgewogenes Nährstoffangebot.

Spargeltoast

Zutaten:
- 750 g Spargel
- Salz
- Zucker
- 1 Beutel Sauce à la Hollandaise
- ⅛ l Milch
- 2 EL Weißwein
- 30 g Butter
- 4 Scheiben Toastbrot
- 4 Scheiben gekochter Schinken à 40 g
- ½ Kästchen Kresse

Spargel schälen, waschen und in kochendem Salzwasser mit einer Prise Zucker etwa 18-20 Minuten garen. Die Stangen sollten noch etwas »Biß« haben. Den fertigen Spargel aus dem Kochwasser heben und abtropfen lassen. ⅛ l vom Spargelwasser für die Soße abmessen. Das Soßenpulver mit Milch anrühren und zum abgemessenen Spargelwasser geben. Unter Rühren aufkochen. Wein zufügen und 1 Minute ziehen lassen. Die Hälfte der Butter unterrühren. Das Brot leicht toasten und mit der restlichen Butter bestreichen. Mit Schinken und Spargel belegen. Die Soße darübergießen und die Toasts unter dem vorgeheizten Grill überbacken. Mit Kresse garniert servieren.

Zubereitungszeit ca. 40 Minuten

Canapés mit Bündnerfleisch

Zutaten für 8 Stück:
- 1 mittelgroße Banane
- 20 g Butter
- Salz
- Zitronenpfeffer
- 2 TL Zitronensaft
- 2 Scheiben Sechskornbrot
- 1 Staude Chicorée
- 8 Scheiben Bündnerfleisch
- 8 Blättchen Zitronenmelisse

Banane schälen und in 8 Scheiben schneiden. Die beiden Endstücke mit der Butter, etwas Salz und Zitronenpfeffer zerdrücken. Die Bananenscheiben mit Zitronensaft beträufeln. Mit einer Ausstechform oder einem Glas 8 Taler von etwa 4 cm Durchmesser aus den Brotscheiben ausstechen. Mit der Bananenbutter bestreichen. Vom Chicorée die zartgelben Spitzen abschneiden und auf die Taler legen. Das Bündnerfleisch zu Röschen zusammenschieben und so auf den Chicorée legen, daß die Spitzen noch sichtbar sind. Die Canapés mit den Bananenscheiben belegen und mit Zitronenmelisse garnieren.

Zubereitungszeit ca. 15 Minuten

Käsesandwich mit Tomaten

Zutaten:
2 Eier
8 Scheiben Toastbrot
40 g Margarine
8 Salatblätter (z. B. vom Frisée- oder Eisbergsalat)
2 Tomaten
1 EL Essig
Salz
Pfeffer aus der Mühle
1 Packung Frischkäse

Eier in 8 Minuten hart kochen. Die Schale rundherum anstoßen und die Eier für kurze Zeit in kaltes Wasser legen. So lassen sie sich leicht schälen. Inzwischen das Brot kräftig toasten und noch warm mit Margarine bestreichen. 4 Toastscheiben mit jeweils einem gewaschenen, gut abgetrockneten Salatblatt belegen. Die Eier schälen und in Scheiben schneiden. Tomaten waschen, den Stielansatz entfernen und die Früchte ebenfalls in Scheiben schneiden. Eier- und Tomatenscheiben schuppenförmig auf den Salatblättern anrichten. Mit Essig beträufeln und mit Salz und Pfeffer würzen. Den Frischkäse darüber verteilen. Die Käsesandwichs mit den restlichen Salatblättern und Brotscheiben bedekken. Eventuell diagonal durchschneiden, leicht zusammendrücken und servieren.

Zubereitungszeit ca. 15 Minuten

Pikanter Heringstoast

Zutaten:
4 Scheiben Vollkorn-toast
10 g Butter
2 Dosen Heringsfilets in Pfeffersoße
1 kleine Dose Aprikosen (410 g)
4 Scheiben Schmelzkäse

Brotscheiben toasten und buttern. Die Heringsfilets aus der Soße heben und die Soße auf die gebutterten Toasts streichen. Die Filets darauf anrichten. Aprikosen abtropfen lassen, in schmale Spalten schneiden und auf dem Fisch verteilen. Dabei einige schöne Spalten zum Garnieren zurückbehalten. Die Toasts mit Käsescheiben bedecken und unter dem vorgeheizten Grill überbacken, bis der Käse zerläuft. Mit den restlichen Aprikosenspalten anrichten.

Zubereitungszeit ca. 15 Minuten

UNSER TIP

Wenn Sie die Kombination von süß und herzhaft nicht so sehr schätzen, können Sie die Aprikosen auch durch grüne Bohnen aus der Dose oder durch kurz angedünstete Scheiben vom Staudensellerie ersetzen.

Gefülltes Partybrot

Zutaten für 8 Personen:
- 1 rundes Bauernbrot (500 g)
- 500 g kalter Braten vom Schwein, vom Kalb oder von der Pute
- 200 g Gewürzgurken
- ½ Salatgurke
- 4 hartgekochte Eier
- 100 g Perlzwiebeln
- 200 g eingelegter Tomatenpaprika
- 4 EL Himbeerkonfitüre
- 200 g Crème fraîche
- 1 Zitrone
- Salz
- Cayennepfeffer
- Edelsüß-Paprika
- 1 Kästchen Kresse
- 1 Bund Radieschen

Vom Brot einen flachen Deckel abschneiden und die Krume herauslösen. Das Bratenfleisch in dünne mundgerechte Scheiben schneiden. Gewürzgurken, Salatgurke und Eier in Scheiben schneiden. Mit Fleisch, Perlzwiebeln und Paprikastreifen vermischen und in das ausgehöhlte Brot füllen. Für die Soße die Konfitüre mit Crème fraîche und Zitronensaft glattrühren. Mit Salz und Cayennepfeffer sehr kräftig würzen. Einen dicken Klacks von der Soße auf das gefüllte Brot geben. Die restliche Soße in eine Schale füllen und mit Paprikapulver bestäuben. Das Brot mit Kresse und geputzten Radieschen garnieren und mit der Soße anrichten.

Zubereitungszeit ca. 20 Minuten

Unser Tip

Die Brotkrumen und den Deckel vom Brot trocknen und zu Brösel reiben. Trocken aufbewahren.

Bunte Gourmetbrote

Zutaten:

- Je 1 Scheibe Roggen- und Haferknäckebrot
- 1 Müslistange
- 1 Stück Baguette (etwa 20 cm) oder
- 1 Minibaguette
- 40 g Margarine
- 100 g Mozzarella-Käse
- 1 Tomate
- Einige Basilikumblätter
- 2 Salatblätter
- 4-5 Scampi
- ½ unbehandelte Zitrone
- 2 EL Hüttenkäse
- Einige schöne Erdbeeren
- 1 TL gehackte Pistazien
- Etwas Brunnenkresse
- 4 Scheiben Bündnerfleisch
- 3 Melonenkugeln
- 50 g Camembert
- Je 1 Stück rote und grüne Paprikaschote

Beide Knäckebrote, die halbierte Müslistange und das halbierte Baguette mit Margarine bestreichen. Eine Baguettehälfte mit Mozzarella- und Tomatenscheiben schuppenförmig belegen. Mit Basilikumblättern garnieren. Die zweite Baguettehälfte mit zerzupften Salatblättern bedecken. Scampi und halbierte Zitronenscheiben daraufsetzen. Die Müslistange dick mit Hüttenkäse bestreichen. Mit halbierten Erdbeeren und Pistazien dekorieren. Roggenknäcke mit Brunnenkresseblättern und Bündnerfleisch belegen und mit Melonenkugeln garnieren. Camembertscheiben schuppenförmig auf das Weizenknäckebrot legen. Mit schmalen Paprikastreifen dekorieren. Alles auf einer Platte anrichten.

Zubereitungszeit ca. 20 Minuten

Unser Tip

Die Gourmetbrote eignen sich gut für Stehempfänge und passen vorzüglich zu Sekt oder Weißwein.

Kräuter-Knoblauch-Brote

Zutaten:

1 Avocado (ca. 300 g)
1 EL Zitronensaft
1 EL Weinbrand
1 EL mittelscharfer Senf
1 kleine Zwiebel
1 Bund Schnittlauch
1 Bund Petersilie
1 Stiel Liebstöckel
1 Kästchen Kresse
1 EL Kapern
2 Cornichons
2 Knoblauchzehen
Salz
Pfeffer aus der Mühle
4 große Scheiben Roggenmischbrot

Die Avocado halbieren, den Kern entfernen und das Fruchtfleisch mit einem Eßlöffel aus der Schale lösen. Mit Zitronensaft mischen und mit einer Gabel fein zerdrücken. Weinbrand und Senf unterrühren. Zwiebel sehr fein würfeln. Schnittlauch, Petersilie und Liebstöckel waschen, trocknen und zusammen mit Kapern und Cornichons fein hacken. Alles unter die Avocadocreme mischen. Mit zerdrückten Knoblauchzehen, Salz und Pfeffer würzen. Das Brot leicht toasten und mit der Knoblauch-Kräuter-Creme großzügig bestreichen.

Zubereitungszeit ca. 15 Minuten

Unser Tip

Bei längerem Stehen verlieren Avocados ihre schöne hellgrüne Farbe. Sie sollten die Avocadocreme deshalb immer frisch zubereiten.

Gänselebercreme auf Toast

Zutaten:
- 4 Scheiben Gänsestopfleber à 25 g
- 100 g weiche Butter
- Salz
- Pfeffer aus der Mühle
- 1 TL Portwein oder Sherry
- 8 Scheiben Toastbrot
- 8 Scheiben Hummerschwanz à 15 g, ersatzweise 2 Hummerkrabbenschwänze in Scheiben

Eine trockene Pfanne erhitzen und die Leberscheiben darin etwa 2 Minuten braten. Dabei einmal wenden. Auf einen Teller geben und abkühlen lassen. Inzwischen die weiche Butter mit einem Schneebesen schlagen, bis sie hell und cremig geworden ist. Die Gänseleber mit einer Gabel fein zerdrükken und die Butter untermischen. Mit Salz, Pfeffer und Portwein fein abschmecken. Die Gänselebercreme in ein kleines Töpfchen füllen. Die Toastscheiben rösten und diagonal halbieren. Mit den Scheiben vom Hummerschwanz anrichten.

Zubereitungszeit ca. 20 Minuten

UNSER TIP

Dieses Rezept bietet sich als Vorspeise für ein feines Menü an, ist aber auch für einen kleinen Sektempfang zu empfehlen.

Bunte Rohkostbrote

Zutaten:
- 4 Scheiben Vollkornbrot
- 200 ml Joghurt-Salatcreme
- 2 Bund Radieschen
- 4 kleine Möhren
- 2 Kästchen Kresse
- 2 kleine Rettiche
- 150 g Sprossen-Mix (fertig gekauft oder eine andere Sprossensorte)

Die Brotscheiben dick mit Salatcreme bestreichen. Radieschen, Möhren und Rettiche waschen und putzen. Radieschen in dünne Scheiben schneiden, Möhren und Rettiche fein raspeln. Kresse mit der Schere abschneiden, Sprossen waschen. Die Brote jeweils zur Hälfte dick mit Kresse belegen. Möhren-, Rettichraspeln und Radieschenscheiben daneben und darauf anrichten. Jeweils 2-3 Teelöffel Salatcreme daraufsetzen und die Brote mit Sprossen bestreuen.

Schinken-Apfel-Doppeldecker

Zutaten:

- 12 Scheiben Roggentoast
- 60 g Butter
- 1 hartgekochtes Ei
- 2 Kästchen Kresse
- 2 Äpfel
- 8 Scheiben roher Schinken (ca. 120 g)
- 4 Salatblätter
- Senf
- 4 Scheiben Weinbergkäse à 40 g
- Meerrettich
- Mayonnaise
- 1 TL Schnittlauchröllchen
- ½ Bund Radieschen

Die Brotscheiben mit Butter bestreichen. Das Ei schälen und in Scheiben schneiden. Kresse mit einer Schere abschneiden und auf vier der Brote verteilen. Äpfel vierteln, entkernen und in dünne Spalten schneiden. Dicht an dicht auf die Kresse setzen. Je 2 Scheiben Schinken auf die Äpfel legen und das Ganze mit gebutterten Brotscheiben zudecken. Die ungebutterte Seite jeweils mit Senf bestreichen. Mit je einem Salatblatt und einer Scheibe Weinbergkäse belegen und mit wenig Meerrettich bestreichen. Die letzten vier Toastscheiben darüberlegen und festdrücken. Die Doppeldecker mit einem großen Messer diagonal durchschneiden. Auf jeden einen Klecks Mayonnaise setzen, eine Scheibe Ei und etwas Schnittlauch daraufgeben. Mit einem Tupfer Mayonnaise garnieren. Mit geputzten Radieschen servieren.

Zubereitungszeit ca. 20 Minuten

Energiebrote

Zutaten für 2 Personen:
150 g Doppelrahm-Frischkäse
2 EL Orangensaft
2 Scheiben Vollkornbrot
1 Prise gemahlener Ingwer
4 große Datteln
Einige Blättchen Zitronenmelisse

Frischkäse mit einer Gabel zerdrücken und mit Orangensaft verrühren. Dick auf die Brotscheiben streichen und mit einem Hauch Ingwer würzen. Die Datteln der Länge nach halbieren, die Kerne entfernen und die Hälften sternförmig in den Käse drücken. Mit Zitronenmelisse garnieren.

Zubereitungszeit 5 Minuten

UNSER TIP

Wenn Sie die fruchtige Schärfe des Ingwers mögen, nehmen Sie anstelle des Pulvers ein Stück frische Ingwerwurzel, reiben diese fein und mischen sie unter den Frischkäse.

Ufo-Sandwich

Zutaten:

- 1 Bund Basilikum
- 2 weiche Avocados
- 2 EL Zitronensaft
- Tabasco
- Salz
- Pfeffer aus der Mühle
- 4 Scheiben rundes Knäckebrot
- 2 Tomaten

Vom Basilikum die Blätter abzupfen. Acht schöne Blätter zum Garnieren zurückbehalten. Die Avocados schälen, entkernen und kleinschneiden. Mit Basilikum, Zitronensaft und 3 Spritzern Tabasco fein pürieren. Mit Salz und Pfeffer abschmecken. Die Avocadocreme auf die Brotscheiben streichen. Tomaten waschen und halbieren. Die Hälften mit der Schnittfläche nach unten auf die Avocadocreme setzen. Mit einem spitzen Messer jeweils zwei kleine Einschnitte in die Tomaten machen und Basilikumblätter hineinstecken.

Zubereitungszeit ca. 10 Minuten

Unser Tip

Die putzige Form dieser leckeren Brote kommt besonders gut bei Kindern an. Falls Ihr Kind nicht gern scharf ißt, nehmen Sie anstelle von Cayennepfeffer eine Prise Zucker zum Würzen.

Shii-Take-Pilze auf Vollkorntoast

Zutaten:
- 1 frisches Lorbeerblatt
- ½ Bund Thymian
- 1 TL Rosmarinnadeln
- 2 Salbeiblätter
- 2 Knoblauchzehen
- 1 TL getrockneter Oregano
- 5 EL kaltgepreßtes Olivenöl
- 600 g Shii-Take-Pilze
- 300 g kleine feste Tomaten
- 2 Frühlingszwiebeln
- Salz
- Pfeffer aus der Mühle
- 5 Scheiben Vollkorntoast
- ½ Zitrone

Lorbeer, Thymian, Rosmarin und Salbei fein hacken oder im Mörser zerstoßen. Knoblauch schälen und in Scheiben schneiden. Zerkleinerte Kräuter, Knoblauch und Oregano mit Öl mischen. Die Stiele von den Pilzen abtrennen und anderweitig verwenden. Die Köpfe mit Küchenkrepp abreiben. Große Pilze halbieren oder vierteln. Das Würzöl darübergeben, mischen und 2-3 Stunden stehenlassen. Tomaten waschen und in dicke Scheiben schneiden. Frühlingszwiebeln putzen, in Ringe schneiden und unter die Pilze mischen. Eine große Pfanne (evtl. einen Wok) trocken erhitzen. Die Pilze darin etwa 5 Minuten bei mittlerer Hitze braten. Salzen, pfeffern, aus der Pfanne nehmen und warm stellen. Tomatenscheiben in der Pfanne kurz erhitzen. Die Brotscheiben toasten, diagonal vierteln und mit Tomatenscheiben belegen. Pilze darauf verteilen, mit etwas Zitronensaft beträufeln und sofort servieren.

Zubereitungszeit ca. 25 Minuten (ohne Marinierzeit)

Mozzarella-Vollkorntoast

Zutaten:
- 2 Aufgußbeutel Früchtetee
- 2 EL Rotweinessig
- 1 TL scharfer Senf
- Salz
- Pfeffer aus der Mühle
- 1 EL Öl
- 200 g Friséesalat
- 200 g Möhren
- 1 EL gehackte Haselnußkerne
- 1 EL Schnittlauchröllchen
- 12 kalifornische Trockenpflaumen (entsteint)
- 4 Scheiben Vollkorntoast
- 40 g Butter
- 200 g Mozzarella

Früchtetee mit ⅛ l kochendem Wasser übergießen und 10 Minuten ziehen lassen. Teebeutel entfernen und den Tee mit Essig, Senf, Salz, Pfeffer und Öl zu einer Salatsoße verrühren. Salat waschen, trockenschwenken und fein zerkleinern. Möhren schälen und raspeln. Salat und Möhren mit der Soße vermischen und auf vier Tellern anrichten. Mit Nüssen und Schnittlauch bestreuen und je eine halbierte Pflaume obenauflegen. Toastscheiben rösten und mit Butter bestreichen. Halbierte oder geviertelte Pflaumen darauf verteilen und mit Mozzarellascheiben belegen. Unter dem vorgeheizten Grill überbacken, bis der Käse zerlaufen und leicht gebräunt ist. Toastscheiben diagonal vierteln und um den Salat herum anrichten.

Zubereitungszeit ca. 35 Minuten

CALIFORNI

Crostini mit Basilikumbutter

Zutaten:
- 60 g Butter
- 1 Knoblauchzehe
- 1 Bund Basilikum
- 1 Messerspitze abgeriebene Zitronenschale
- Salz
- Pfeffer aus der Mühle
- Knorr Aromat
- 1 kleines Baguette

Butter mit einer Gabel schlagen, bis sie hell und cremig geworden ist. Mit zerdrückter Knoblauchzehe mischen. Basilikumblätter von den Stielen zupfen und sehr fein hacken. Sofort unter die Butter mischen. Mit Salz, Pfeffer und Aromat würzen. Baguette in dünne Scheiben schneiden und unter dem vorgeheizten Grill oder im Backofen bei 250 Grad (Gasherd: Stufe 5/ Umluft: 230 Grad) kräftig rösten. Noch heiß mit der Basilikumbutter bestreichen und sofort warm servieren.

Zubereitungszeit ca. 15 Minuten

Unser Tip

Basilikum ist ein köstliches, aber auch sehr empfindliches Kraut. Lassen Sie es nach dem Hacken nicht lange stehen. Es verfärbt sich sonst schnell und verliert sein Aroma.

Möllner Toast

Zutaten für 2 Personen:
- 150 g Rotkohl aus dem Glas
- 2 Zwiebeln
- 1 TL Rotweinessig
- Salz
- Pfeffer aus der Mühle
- 1 Prise gemahlener Koriander
- 1 EL Öl
- 2 Scheiben Toastbrot
- 30 g Margarine
- 2 fertig gebratene Frikadellen
- 2 Scheiben Gouda
- Einige Salatblätter

Rotkraut gut abtropfen lassen. Eine Zwiebel schälen und fein würfeln. Mit Rotkohl, Essig, Salz, Pfeffer, Koriander und Öl vermischen. Brotscheiben toasten, mit 20 g Margarine bestreichen. Auf jede Brotscheibe eine in Scheiben geschnittene Frikadelle und eine Scheibe Käse legen. Im vorgeheizten Backofen bei 225 Grad (Gasherd: Stufe 5/ Umluft: 200 Grad) 6-8 Minuten überbacken. Inzwischen die zweite Zwiebel schälen, in Scheiben schneiden und in der restlichen Margarine bräunen. Salatblätter auf zwei Teller auslegen, die Toasts daraufsetzen und mit Zwiebelringen garnieren.

Zubereitungszeit ca. 20 Minuten

Käsebrote mit Rohkost

Zutaten:
- 4 Scheiben Roggen-Zwiebelbrot
- 20 g Butter
- 1 Salatgurke
- Salz
- 400 g Möhren
- 1 Kästchen Kresse
- Pfeffer aus der Mühle
- 100 g mittelalter Gouda
- 2 EL Sahnejoghurt

Die Brotscheiben mit Butter bestreichen und auf vier flache Teller legen. Gurke gründlich waschen, eventuell schälen, in mittlere Scheiben schneiden, salzen und um das Brot herumlegen. Vier Gurkenscheiben zurücklegen. Geschälte Möhren raspeln und mit abgeschnittener Kresse mischen, dabei etwas Kresse für die Garnitur zurückbehalten. Auf die Brote häufen und mit grobem Pfeffer bestreuen. Käse in Streifen schneiden und gitterförmig auf die Brote legen. Je eine Gurkenscheibe mit einem Klacks Joghurt und etwas Kresse obenaufsetzen. Sofort servieren.

Zubereitungszeit ca. 20 Minuten

Grüne Krabbenbrote

Zutaten:
- 3 reife Avocados
- 2 EL Zitronensaft
- Salz
- Pfeffer aus der Mühle
- 125 g Krabbenfleisch
- 4 Scheiben Vollkornbrot
- Etwas Dill

Die Avocados halbieren, den Kern entfernen und das Fruchtfleisch mit einem Löffel aus der Schale lösen. Mit einer Gabel fein zerdrücken, Zitronensaft untermischen und mit Salz und Pfeffer würzen. Das Krabbenfleisch untermischen. Auf die Brotscheiben verteilen und mit Dill garnieren.

Zubereitungszeit ca. 10 Minuten

UNSER TIP

Zusätzlich verfeinert werden die Krabbenbrote durch einen Teelöffel Lachs- oder Forellenkaviar.

Käserollen auf Weißbrot

Zutaten:
- 4 Scheiben Weißbrot
- 40 g Butter
- 2 TL mittelscharfer Senf
- 24 hauchdünn geschnittene Scheiben mittelalter Gouda
- 4 EL Holunderkonfitüre
- Pfeffer aus der Mühle

Die Brotscheiben mit Butter und etwas Senf bestreichen und halbieren. Auf jede Brothälfte drei aufgerollte Scheiben Käse legen. Die Konfitüre mit Pfeffer würzen und glattrühren. In Streifen auf die aufgerollten Käsescheiben geben.

Zubereitungszeit ca. 5 Minuten

UNSER TIP

Auch mit Hagebuttenmark oder Pflaumenmus schmecken die Käserollen vorzüglich. Wer es weniger süß möchte, garniert mit frisch geraspeltem Apfel.

Matjeshappen

Zutaten:

- 1 EL Crème fraîche
- 20 g weiche Butter
- 1 TL Senf
- 4 Scheiben Roggenbrot
- 4 Scheiben Maasdamer Käse à 50 g
- 8 kleine Marner Matjesfilets
- 1 Bund Schnittlauch

Crème fraîche mit Butter und Senf verrühren und die Brotscheiben damit bestreichen. Die Käsescheiben darauflegen. Die Brote in mundgerechte Happen schneiden. Matjesfilets in Stücke schneiden und auf jeden Brothappen ein Stück legen. Schnittlauch waschen und in feine Röllchen schneiden. Die Matjeshappen damit garnieren.

Zubereitungszeit ca. 10 Minuten

Bündnerfleisch mit Pfefferbananen auf Roggenbrot

Zutaten:
- 150 g Bündnerfleisch, ersatzweise Räucherschinken
- 2 Bananen
- Grober Pfeffer aus der Mühle
- 75 g Feldsalat
- 1 EL Weißweinessig
- Salz
- 2 EL Nußöl
- 4 Scheiben Roggenbrot
- 20 g Butter

Das Bündnerfleisch auf vier flachen Tellern anrichten. Die Bananen schälen und der Länge nach teilen. Großzügig mit grobem Pfeffer bestreuen und je eine Hälfte neben das Bündnerfleisch legen. Feldsalat verlesen, waschen und trockenschwenken. Essig mit einer Prise Salz und Pfeffer verrühren. Öl untermischen, über den Feldsalat geben und auf die vier Teller verteilen. Brotscheiben buttern und dazu servieren.

Zubereitungszeit ca. 15 Minuten

UNSER TIP

Diese pikanten Brote sind sowohl als Vorspeise als auch als kleiner Imbiß zum Wein zu empfehlen.

Muscheltoast

Zutaten:

- 1 Bund Dill
- 4 Scheiben Toastbrot
- 2 EL Crème fraîche
- 300 g Miesmuschelfleisch (evtl. aus der Dose)
- Pfeffer aus der Mühle
- 8 Scheiben Maasdamer Käse
- Salatblätter zum Anrichten

Den Dill waschen, trocknen und fein hacken, dabei einige schöne Zweige für die Garnitur zurückbehalten. Die Toastscheiben rösten und mit Crème fraîche bestreichen. Dick mit gehacktem Dill bestreuen und mit den Muscheln belegen. Pfeffern und mit den Käsescheiben bedecken. Unter dem vorgeheizten Grill überbacken, bis der Käse zerlaufen ist. Mit Dillzweigen garnieren und auf gewaschenen Salatblättern anrichten.

Zubereitungszeit ca. 15 Minuten

Unser Tip

Falls Sie die Miesmuscheln selbst kochen wollen: Sie brauchen etwa 1 Kilo Muscheln. Vor dem Kochen geöffnete Exemplare aussortieren. In wenig Salzwasser kochen, bis sich die Schalen geöffnet haben. Miesmuscheln, die nach dem Garen noch geschlossen sind, ebenfalls aussortieren. Sie sind ungenießbar.

Spiegelei-Brote mit Kaviar

Zutaten:

4 EL Tomatenmark
2 EL Tomatenketchup
4 Scheiben rundes Knäckebrot
30 g Butter
4 Eier
1 EL deutscher Kaviar

Tomatenmark mit Ketchup verrühren und auf die Knäckebrote streichen. Butter in einer beschichteten Pfanne erhitzen und vier Spiegeleier darin braten. Nach Belieben rund ausstechen. Auf die Brotscheiben legen und mit Kaviar anrichten.

Zubereitungszeit ca. 10 Minuten

UNSER TIP

Gleichmäßig runde Eier gelingen in einem speziellen Ring, den es in Haushaltsläden zu kaufen gibt. Diesen setzen Sie einfach in die Pfanne, schlagen das Ei darin auf und braten es.

Rezepte